DESIGN MIT HERZ

Amina Angelique Mayer

Die Texte und Abbildungen sind urheberrechtlich geschützt.

Circle of life Lenormand

Amina Angelique Mayer

Intuitiv und liebevoll gestaltet, inklusive astrologischer Bedeutung

Vorwort

Mir ist es ein Anliegen dieses Buch so einfach, kurz und verständlich für jedermann zu schreiben. Oft ist es so, dass viele Worte einfach verwirren welches das wiederfinden wichtiger Passagen erschwert.

Als ich 2008 mit dem Kartenlegen anfing, hatte ich mir alle möglichen Ausführungen der Lenormand gekauft, um herauszufinden welches Deck zu mir passte. Am Ende entschloss ich mich für die blaue Eule. Doch beim Anbetracht der Bilder dachte ich mir, es geht sicher noch mehr, einfach anders und so beschloss ich mir die Erkenntnisse anzueignen grafisch ein eigenes Deck zu entwerfen. 2013 war es dann vollendet.

Stets war ich auf der Suche nach einer Möglichkeit ein Verfahren zu finden, welches mir Antworten auf das Leben gibt. Ich wollte mich selber kennenlernen und besser verstehen können, wissen wie und wieso ich so handle wie ich handle. Es gab unzählige Fragen des Lebens denen ich auf der Spur war.

Den Einstieg zu mir fand ich in der Astrologie, nachfolgend kam meine Reiki Meisterausbildung hinzu, danach folgte die Stein und Farblehre, zu guter Letzt das Kartenlegen und das designen vom Bildern, Postern. In diesen Bereichen fand die Möglichkeiten mein „Ich" zu erkennen und es zum Ausdruck zu bringen.

Hiermit möchte ich mich auch ganz herzlich bei meiner Familie bedanken und vor allem bei meinem Mann Peter. Egal was ich gemacht habe, standen sie immer hinter mir, nie haben sie es als Splin abgetan. Ganz im Gegenteil, sie haben mich immer motiviert weiter zu machen und nicht aufzugeben.

Nun möchte ich auch euch motivieren. Gebt nicht auf es ist gar nicht so schwer wie es am Anfang scheint. Fangt mit kleinen Schritten an und horcht bei der Ansicht der Karten in euch hinein. Entkrampft euch und lasst euer Gefühl sprechen.

Inhaltsverzeichnis

Danksagung

Ich danke meinem Mann für seine unendliche Unterstützung schlussendlich doch noch dieses Buch fertig zu schreiben wie so vieles Andere in meinem Leben auch. Er ist ein ganz wundervoller Mensch und ich bin so Dankbar ihn an meiner Seite zu haben.

Das besondere an diesem Buch

Dieses Buch ist für Anfänger als auch für Fortgeschrittene konzipiert. Durch die zusätzliche astrologische Beschreibung können, wenn gewollt, die Deutungen tiefer gehen. Wie reagiere ich auf etwas und wie gehe ich mit dem Thema um.

Anders wie bei den üblichen Lenormand handelt es sich bei meinem Deck nicht um Symbole sondern um liebevoll und einfühlsame gestaltete Bilder. Wie ihr vielleicht schon gesehen habt, findet ihr auf allen Karten Personen dargestellt. Vielleicht fragt ihr euch jetzt warum das, auf den originalen sind doch nur Symbole. Beim Kartenlegen geht es nicht nur um die Symbolarbeit, sondern die Karten spiegeln Gefühle, Ängste und Sorgen von euch wieder. Ihr könnt dadurch einfacher die Karten als euer Spiegelbild betrachten. Zu den einzelnen Gefühlen gehe ich noch genauer in den Kartenbeschreibungen drauf ein.

Ich habe auch die sogenannten negativ Karten so designet, dass sie uns nicht verschrecken, sondern uns Anreize geben eine Begebenheit von mehreren Seiten zu betrachten.

Dieses Buch ist leicht und unkompliziert geschrieben, so das du auch als Anfänger sofort loslegen kannst. Die vielen kleinen praktischen Hilfen werden dich dabei unterstützen. Mit der Zeit wirst auch du deine Technik fürs Karten legen und deuten entwickeln.

Astrologie

Um dich nicht zu überfordern werde ich astrologisch nur auf die Segmente eingehen die uns beim Kartenlegen helfen können. Falls dir das für den Anfang zu kompliziert ist, kannst du diesen Bereich auch erst einmal auslassen.

Du selbst bist auch unter einem gewissen Sternzeichen beziehungsweise Sternbild geboren. Dieses Sternbild prägt dein Aussehen, Auftreten, Ausdrucksweise, die Sicht deiner Dinge, deine Arbeitsmoral und so weiter. Das Sternbild ist in 12 Häuser eingeteilt, ich nenne diese auch die Bühne des Lebens. In diesen 12 Häusern befinden sich mindestens 10 Planeten verteilt. Jeder Planet hat eine Wirkung je nach dem in welchen Haus und wie er in Beziehung zu den anderen Planeten steht.

Für uns ist nun folgendes wichtig.

Sternzeichen
Häuser
Elemente
Aspekte

Sternzeichen

Wassermann

lebt in der Gedankenwelt
erfinderisch
pragmatisch
kritisch
frei Denker
prinzipientreu
rebellisch

Fische

kann sich in der Weite verlieren

sehnsüchtig
träumerisch
mitfühlend
melancholisch
träumerisch

Widder

gutmütig
spontan
unverblümt
mit den Kopf durch die Wand

Stier

sinnlich
treu
zuverlässig
ausharrend
stur
misstrauisch

Zwilling

gesellig
neugierig
wechselhaft
beweglich
kommunikativ
launisch

Krebs

intuitiv
fürsorglich
feinfühlig
reizbar
überempfindlich

Löwe

stolz
extrovertiert
überheblich
eitel
autoritär
gesellig

Jungfrau

ehrlich
zuverlässig
diszipliniert
unnahbar
prüde
perfektionistisch

Waage

respektvoll
aufmerksam
harmonisch
launisch
unentschlossen
diplomatisch

Skorpion

hingebungsvoll
leidenschaftlich
zielstrebig
tiefgründig
eifersüchtig
besitzergreifend

Schütze

offen

optimistisch
idealistisch
strebsam
überzeugend
sorglos

Steinbock

ehrgeizig
fleißig
ausdauernd
geizig
stur
ernsthaft

Die 4 Elemente

Sie bilden den Grundstoff der sogenannten Typenlehre. Im Zusammenhang mit dem Kartenlegen können sie uns Aufschluss geben über unsere Handlungsfähigkeit. Während das Feuerelement, eifrig an die Themen herangeht wird zum Beispiel das Wasserelement sensibel reagieren, das Erdelement pragmatisch und das Luftelement vom Kopf her handeln.

Als Tipp: Nehme dir vier Karteikarten, schreibe jeweils auf eine: Feuer, Erde, Wasser und Luft. Sie können dir beim beleuchten eines Themas hilfreich sein. Ziehe dann jeweils einer der vier Karten.

Feuer

Scharfsinnig, klug, erfinderisch, voller Tatendrang, leichtsinnig, intuitiv, leidenschaftlich, aufbrausend, impulsiv, selbstherrlich, dreist, schamlos und hitzig.

Erde

Standhaft, Charakterfest, pragmatisch, zäh, scharfe Sinne, zurückhaltend, schwer aus der Reserve zu locken, macht sich schnell Sorgen, kontrolliertes Verhalten.

Luft

Freundlich, kommunikativ, lacht und scherzt gerne, gesellig, handlungsfreudig, nachdenklich.

Wasser

Langsam, gleichmütig, zaghaft, passiv, träge, verträumt, leicht zu beeindrucken.

Wir sind alle einem Sternzeichen zugeordnet und dementsprechend einem Element. Je nach Planetenstand wirken andere Elemente bei uns rein beziehungsweise ergänzen oder stehen in Opposition zueinander.

Häuser und Aspekte

1. Haus: Das Ich in seiner Gestalt, so wirke ich auf andere, das gebe ich zum Ausdruck.
2. Haus: Selbsterhaltung, Absicherung, Besitz, Wertgegenstände
3. Haus: Umweltkontakte, Kommunikationsmöglichkeiten, Geschwister, Kameraden, Ausbildung
4. Haus: Unser Innenleben, Familie, Heim, Vergangenheit, Elternhaus, Vater
5. Haus: Kreativer Selbstausdruck, Lust, Liebe, Abenteuer, Kinder
6. Haus: Arbeit, Prüfungen, Gesundheit, Bedürfnisse, Angestellte
7. Haus: Mein Gegenüber, Begegnungen, Partnerschaft, Ehe, Verträge
8. Haus: Verbindlichkeiten, Prinzipien, Bindungen, Transformationsprozesse
9. Haus: Bildung, Gedankenaustausch, Einsicht und Erkenntnis
10. Haus: Beruf und Berufung, soziale Stellung, Ruhm und Ehre, Mutter
11. Haus: Hoffnungen, Freunde Gruppen, Gesellschaft
12. Haus: Rückzug, das Verborgene, Institutionen, Übergang, Auflösung

Aspekte

1. Konjunktion: Ist der mächtigste Aspekt, bringt ein enormes Potenzial mit sich. Gilt auch als Einheit.

2. Opposition: Hier handelt es sich um die Gegensätze die unvereinbar miteinander sind. Hier wirst du gefordert die Mitte zu finden.

3. Trigon: Die Dinge ergeben sich ohne große Anstrengung. Eine harmonische Basis.

4. Quadrat: Du kannst den Problemen nicht entwischen. Hier wird Leistung gefordert.

Was das mit den Häusern und den Aspekten auf sich hat, wirst du in den Bereich Legesysteme sehen.

Allgemeines zum Kartenlegen

Der körperliche Aspekt

Mit dem legen von Karten gerade für andere übernimmst du auch eine Verantwortung. Sei dir dessen stets bewusst! Deute sie mit bedacht und gebe keine Auskunft über den Gesundheitlichen Zustand raus. Natürlich haben auch die Karten eine körperliche Zugehörigkeit.

Zum Beispiel Karte 1 der Reiter stehen für unseren Bewegungsapparat, die Karte 10 die Sense könnte man jetzt als einen Bruch deuten. Das machen wir natürlich nicht, denn wir sind ja einfühlsam. Wir könnten jetzt zum Beispiel Fragen ob der Betreffende Probleme mit seinem Bewegungsapparat hat oder ob er regelmäßig Sport treibt, wenn er dieses verneint könnte man ihm Raten auf diesen ein wenig acht zugeben und ein bisschen Sport zu treiben. Vielleicht nicht schwer zu Heben, auf Bewegungen zu achten usw. Handelt es sich um einen Sportler könnten wir ihm sagen, dass er darauf achten soll sich vor dem Training zureichend aufzuwärmen. Das wäre jetzt zum Beispiel die körperliche Komponente der Deutung.

Der psychische Aspekt

Kartenlegen hat auch eine psychologische Komponente, wir werden lernen auf unser Gegenüber einzugehen, Fragen zu stellen und einfühlsam mit ihm umzugehen. Einige von euch werden vielleicht Angst haben für andere zu legen. Ich empfehle euch erst nur für euch zu legen, wenn ihr sicherer im Umgang mit diesen seit, könnt ihr für eure Familie oder euren Freundeskreis legen, das hilft euch Sicherheit zu gewinnen. Auch der Austausch mit anderen Kartenleger ist sehr ratsam zum Beispiel in einem Kartenlegergruppe.

Der psychologische Aspekt

Bleiben wir mal bei der 10. Karte die Sense und der Karte 25 der Ring.

Das kann das Aus einer Partnerschaft oder Geschäftsbeziehung bedeuten. Auch hier gilt erst mal die Hinterfragung. Es wäre fatal zu sagen, ihre Beziehung geht auseinander. Wir müssen uns dem Thema vorsichtig nähern, fragen stellen. Wie läuft es in der Beziehung gibt es Probleme oder Schwierigkeiten? Die umliegenden Karten zeigen uns die nötigen Hinweise, die können wir in unsere Fragestellung mit einbeziehen.

Als Kartenleger trifft dich eine gewisse Verantwortung mit der wir nicht plump umgehen dürfen.

Als kleine Hilfestellung möchte ich dir folgenden Satz mitgeben: Wer lässt sich schon gerne in die Karten gucken? Dieser Satz beschreibt schon die Empathie und das Einfühlungsvermögen mit dessen wir umgehen müssen. Auch dein Gegenüber wird nervös oder ängstlich sein auch er fürchtet sich vor Antworten.

Übung

Nimm dir Zeit und tauche mal in die beiden Beispiele ein. Was fällt dir dazu ein? Was siehst du, was fragst du? Mache dir einfach ein paar Notizen dazu.

1 Reiter

Grundwissen:

- Neuigkeiten
- Botschaft
- Gute Nachrichten sind auf dem Weg
- Beweglichkeit
- Vorwärts
- Geliebter
- Sport
- Aktivität
- Bald

Bildbeschreibung

Auf diesen Bild sehen wir einen jungen Mann auf einen Weg durch den Wald laufen, im Hintergrund ein weißes Pferd das am traben ist. Die Karte ist hauptsächlich in Blau gehalten, was uns Aufschluss darüber gibt, dass es sich hier um keine Gefühlskarte handelt. Die Farbe Blau ist eher kühl und distanziert, also etwas von kurzer Dauer. Sie steht für das Mystische und Unbewusste in uns. Zu dem zeigt sie uns geistiges Wachstum und Treue uns selbst gegenüber an. Zielstrebig verfolgt man sein Ziel.

Symbolisierung

Die Karte steht generell für das Gute allerdings kann uns auch mal etwas fortlaufen. Sie zeigt unsere Gedanken zu einer Sache sowie eine sportliche und dynamische Denk- und Handlungsweise. Haben wir diese Karte gezogen zeigt sie uns ein bewegliches Vorwärtskommen als auch eine zielstrebige Herangehensweise an. Eine Nachricht wird uns zugebracht.

Personen
Sportler, Liebhaber, junger Mann, Freund, Kollege

Zeit

In Kürze, auf dem Weg, bald, Zeitnah, Überraschend, Abrupt

Sternzeichen:

Schütze

Als Tageskarte

Nachrichten sind zu uns auf dem Weg. Heute ist ein guter Tag um neues zu beginnen. Dynamisch und Zielstrebig setzen wir neue Gedanken oder Ziele in die Tat um. Ein guter Moment um ein Projekt anzufangen. Es kommt was in Bewegung.

Übung

Versuche aus den oben genannten „Grundwissen" Sätze zu bilden. Was empfindest du beim Anblick der Karte? Gucke auch im Astrologiebereich unter Schütze nach. Gibt es vielleicht ein neues Projekt, welches du in Angriff nehmen möchtest?

2 Klee – Glücksmomente

Grundwissen

* Glück
* Freude
* Zufriedenheit
* Überraschung
* Zuversicht

Bildbeschreibung

Eine junge Frau die wie ein Schwan einen Sonnentanz aufführt. Bei diesem Bild werden durch die Farben, Wärme und Zufriedenheit ausgestrahlt. Die Farben Gelb, Rot und Grün gestalten die Karte. Rot für die Energie, Gelb für Heiterkeit und Lebensfreude und Grün für Hoffnung und das Wachstum.

Symbolisierung

Ein kurzer toller Moment wo unser Herz lacht. Sie schenkt uns Hoffnung auf Wachstum. Vitalisierend begegnen wir den Tag. Sie beschreibt unsere inneren Glücksmomente.

Personen

Keine Personenkarte

Zeit

Kurzfristig, schnell, überraschend

Sternzeichen:

Fische

Als Tageskarte

Heute kannst du optimistisch in den Tag hinein schauen. Kleine Glücksmomente werden dir heute zur Seite stehen.

Übung

Was empfindest du bei dem Anblick der Karte? Wann hat dein Herz zuletzt mal so richtig gelacht? Über welche kleinen Dinge könntest du dich jetzt freuen?

3 Schiff – die Reise

Grundwissen

- Lebensreise – Seelenreise
- Hoffnung
- Visionen
- Träume
- In die Ferne schweifend
- Fernweh
- Sehnsucht

Bildbeschreibung

Eine Frau steht am Wasser, hinter ihr liegt ein Boot und der Sonnenuntergang. Der Tag ist vorbei und die Nacht bricht herein. Sie schaut auf das Meer und ihre Augen verlieren sich in der Weite. Farblich eine sehr warme Karte die Sehnsüchte erkennen lässt.

Symbolisierung

In erster Linie steht diese Karte für unsere Seelenreise, Träume, Hoffnungen und Visionen die wir haben und uns nicht so schnell wieder loslassen. Sie möchte uns sagen, nichts unversucht zu lassen um uns unserem Ziel zu nähern. Gebe die Hoffnung nicht auf, nur Mut.

Personen

Keine Personenkarte

Zeit

Bald

Sternzeichen:

Schütze

Als Tageskarte

Glaube an dich und deine Ziele. Lasse dich einfach mal treiben, manche Dinge kommen ganz von selbst.

Übung

Was empfindest du beim Anblick der Karte? Was ist dein großer Traum? Worauf liegt deine Hoffnung und Sehnsucht? Hast du dir schon mal einen Traum erfüllt? Kannst du Dinge auf dich zukommen lassen?

4 Haus – Das Fundament

Grundwissen

- Haus
- Wohnung
- Immobilie
- Rückzugsmöglichkeit
- Geborgenheit
- Sicherheit
- Beständigkeit

Bildbeschreibung

Wir sehen einen Mann auf den Boden sitzend in einem Zimmer. Neben ihm ein kleines Hausmodell. In diesem Bild haben wir viele Brauntöne welches für Geborgenheit und Beständigkeit spricht aber auch für das Erdverbundene. Wir können nur auf einem guten Fundament ein Haus bauen.

Symbolisierung

Ohne ein gutes stabiles Fundament können wir uns nichts errichten. Es ist wichtig eine Rückzugsmöglichkeit zu haben die uns die nötige Sicherheit bietet, dieses gilt auch für unsere Familie. In unserem Zuhause wollen wir uns wohl und geborgen fühlen. Unser Fundament möchte auch gepflegt werden, sodass es manchmal nicht ausbleibt Renovierungs- oder Reparaturarbeiten auszuführen.

Personen_

Sympathischer älterer Mann

Zeit

Lange Sicht, ca 4 Monate

Sternzeichen:

Krebs

Als Tageskarte

Heute kannst du dich in Sicherheit wiegen. Mach dir einen gemütlichen Tag zu Hause.

Übung

Was gibt dir Sicherheit im Leben? Was ist nötig damit du dich geborgen fühlst? Fühlst du dich in deinem Zuhause wohl?

5 Baum – Die Beständigkeit

Grundwissen

- Herkunft
- Wurzeln
- Identität
- Standhaft
- Wachstum
- Gesundheit
- Geduld

Bildbeschreibung

Wir sehen hier eine junge Frau die in den Himmel schaut. Hinter ihr ein großer gut gewachsener Baum. Wie immer im Leben brauch alles was wachsen soll Zeit und Pflege. Die weiße Farbe des Kleides fällt hier in den Vordergrund, mit reiner Liebe zum Leben. Das Braun bezeichnet hier die Bodenständigkeit und das Gelb die Vitalität.

Symbolisierung

Am Anfang warst du nur der Samen, sieh was in der Zeit aus dir geworden ist. Groß, stark und anmutig stehst du im Leben. Nur gesunde Wurzeln können den Baum wachsen und gedeihen lassen, auch er wird im Laufe seines Daseins seine Erfahrung machen. Er wird die Sonne genießen, den Regen begrüßen, den Schnee überstehen und den Herbst zur Erneuerung nutzen. So werden auch wir schöne und weniger schönere Momente im Leben erfahren aber wir werden aus ihnen lernen und immer weiter wachsen. Es handelt sich hier um eine lange Phase die mit sehr viel Geduld verbunden ist.

Person

Keine Personenkarte

Zeit

Bis zu 1 Jahr

Sternzeichen:

Krebs

Als Tageskarte

Gebe einer bestimmten Sache Zeit damit sie wachsen kann. Tu dir heute was gutes, Belohne dich mit etwas.

Übung

Was gibt dir die Kraft um zu wachsen? Belohnst du dich ab und an mal und tust dir was gutes? Wann warst du zuletzt mal im Wald und hast dir die Bäume angesehen?

6 Wolken – Die Unklarheiten

Grundwissen

- Kopfzerbrechen
- Sorgen
- Zweifel
- Empfindsam
- Unklarheiten
- Zerrissen
- Erdrückend

Bildbeschreibung

Grau in Grau ist das Bild in mitten eine Frau die sich die Hand vor einen Auge hält. Die Wolken stehen nicht still und ziehen meist schnell an uns vorüber.

Symbolisierung

Es gibt immer mal wieder gute und weniger gute Tage, die kommen und die gehen. Sich über etwas Sorgen zu machen gehört zum Leben dazu. Die Wolken sind unaufhaltsam wie das Leben auch. Nach einer Schwierigen Phase folgt auch wieder ein Gute Phase.

Person

Expartner

Zeit

Vorübergehend

Sternzeichen:

Zwilling

Als Tageskarte

Ein sorgenvoller Tag der auch schnell wieder vorüber geht. Zerbreche dir nicht deinen Kopf.

Übung

Wann machen sich bei dir Sorgen und Zweifel breit und wie gehst du im Allgemeinem mit ihnen um? Was empfindest du beim Anblick der Karte?

7 Schlange – Die Verführung

Grundwissen

- Umweg
- Rivalin
- Verführung
- Gefahr
- Aufmerksamkeit
- Selbstbewusst
- Intelligent

Bildbeschreibung

Die Schlange windet sich um die Frau. Mit ihrer Intelligenz und Verführungskraft schaut sie ihr in die Augen. Die Frau ist in eine Ekstase gefallen und gibt sich der Schlange ungehindert hin. Die Schlange windet und wendet sich bis sie ihr Ziel erreicht hat. Sie ist langsam in ihren Bewegung doch Blitzschnell in ihrer Handlung.

Symbolisierung

Wir kommen auch auf Umwegen zu unseren Ziel, solange wir dieses nicht aus den Augen verlieren. Hier kann sich auch etwas als Verführung darstellen oder eine Rivalin die uns schaden möchte ist auch denkbar. Raffiniert und Aufmerksam lauert sie auf ihre Beute um dann blitzschnell zu zubeißen.

Person_

Frau, Ex-Freundin Kollegin, Geliebte

Zeit

Bis 7 Wochen

Sternzeichen:

Skorpion

Als Tageskarte

Heute kommst du nur über Umwege an dein Ziel.

Übung

Welche Dinge im Leben gehst du nicht direkt an? Verhältst du dich gegenüber Jemanden intrigant? Siehst du im Voraus Gefahren auf dich hinzukommen? Bist du selbstbewusst?

8 Sarg – Die Wende

Grundwissen

- Transformation
- Das Blatt wendet sich
- Altes gehen lassen um neues zu beginnen
- Verwandlung
- Neubeginn
- Umbruch

Bildbeschreibung

Eine Frau vor einem Grabstein, auf ihre Hand kommt eine weiße Taube geflogen. Die Karte ist hauptsächlich in Grau- Braun gehalten. Sie beschreibt uns den Zustand, in dem wir uns befinden, wenn etwas im Leben verabschiedet wird. Freundlich begrüßt die Frau die weiße Taube, hiermit laden wir das Leben ein, einen Neuanfang zu starten. Die Farbe braun unterstützt uns und erdet uns.

Symbolisierung

Wenn wir vor einem Scheiterhaufen stehen ist es schwer neuen Mut zu fassen uns aufzuraffen und neu zu beginnen. Wie sagt man so schön: „ Aufstehen, Krone richten und weiter gehen". Solche Transformationsprozesse machen uns noch stärker als wir vorher waren. Diese Karte steht für das Ende von irgendwas aber dafür wird sich neues auftun.

Person

Keine Personenkarte

Zeit

Warten, Ewig

Sternzeichen:

Skorpion

Als Tageskarte

Heute ist ein guter Tag altes gehen zu lassen um neuen Platz zu schaffen.

Übung

Was tut dir nicht gut? Wann hast du dich zuletzt wie der Phönix aus der Asche gefühlt? Hast du Schwierigkeiten dich von Dingen zu trennen? Wie begegnest du Neuen?

9 Blumen – Die Freude

Grundwissen

- Überraschung
- Natur
- Glück
- Schöne Dinge
- Geselligkeit
- Kreativ
- Charmant

Bildbeschreibung

Da geht das Herz auf. Fröhliche und freundliche Farben umgeben diese Karte. Die Frau als eine Frohnatur.

Symbolisierung

Die Karte als Glücksbote. Alles verläuft nach unseren Wünschen. Kreativ und Charmant geben wir uns den Dingen hin. Manchmal sind es auch die kleinen Dinge, die uns eine Freude bereiten.

Person

Freundin, Kollegin, liebevolle Frau

Zeit

Kurzfristig, Frühling

Sternzeichen:

Waage

Als Tageskarte
Heute ist ein guter Tag. Genieße die schönen Dinge des Lebens.

Übung

Was kann dich glücklich machen? Nutzt du die Möglichkeit dich Kreativ auszudrücken? Wann hast du zu letzt die Natur bewundert? Wie zufrieden bist du mit dir und deiner Umwelt?

10 Sense – Die Entschlossenheit

Grundwissen

- Ende
- Ernte
- Verletzung
- Aggressiv
- Erfahrung
- Bruch
- Abschluss
- Gefahr

Bildbeschreibung

Eine starke Frau zu Neumond mit einem Schwert in der Hand. Sie holt zum Schlag aus um etwas vor ihr niederzumetzeln. Im Hintergrund Totenköpfe, hier werden Köpfe rollen im übertragenen Sinn.

Symbolisierung

Plötzlich und unerwartet werden wird der Schnitt vollzogen. Hier droht Gefahr, dass etwas beendet wird. Ein schnelles Handeln wird uns angezeigt. Die Karte steht auch für die Reife und die Ernte, das möchte uns sagen, dass wir erst ernten können, wenn das Korn reif ist.

Person

Eine ungestüme Person

Zeit

Plötzlich, unerwartet, schnell

Sternzeichen:

Jungfrau

Als Tageskarte

Das Ende einer Sache kommt plötzlich und unerwartet.

Übung

Bist du aggressiv oder hast du mal jemanden verletzt? Wie gehst du mit einem Ende einer Sache um? Was bedeutet für dich Gefahr? Gibt es für dich was abzuschließen?

11 Rute – Der Konflikt

Grundwissen

- Diskussion
- Forderungen
- Energie
- Erkenntnis
- Klärung
- Streit
- Kampf
- Trennung
- Gespräche

Bildbeschreibung

Das Pärchen ist sich mit dem Rücken zugewandt. Während er die Arme verschränkt stützt sie ihren Kopf auf ihrer Faust ab. Den Konflikt und die Auseinandersetzung sieht man den beiden an.

Symbolisierung

Hier gibt es noch einen Klärungsbedarf, der Streit ist noch nicht beendet. Manchmal kann eine Diskussion auch die Luft reinigen. Auseinandersetzungen können manchmal recht Hilfreich sein um seinen Standpunkt neu zu beleuchten. Natürlich besteht auch immer die Möglichkeit, das ein Konflikt nicht gelöst werden kann und eine Trennung vollzogen wird.

Person

Junger Mann

Zeit

Zwei Tage, Wochen, Monate

Sternzeichen:

Wassermann

Als Tageskarte

Heute kommt es zum Konflikt. Die Auseinandersetzung steht heute im Mittelpunkt.

Übung

Wie gehst du mit Auseinandersetzungen um? Neigst du zu Aggressionen? Suchst du eher ein klärendes Gespräch oder beendest du es vorschnell? Kannst du sachlich diskutieren?

12 Vögel – Die Aufregung

Grundwissen

- Unruhe
- Hektik
- Kommunikation
- Tratsch
- Anregung
- Austausch
- Glücksfälle

Bildbeschreibung

Eine Frau steht auf einem Balkon vor ihr flattert ein kleiner Vogel herum. In dieser Karte haben wir einen Farbspektakel, hier sind sämtliche Facetten des Lebens integriert.

Symbolisierung

Die Karte weist auf eine kurze Aufregung hin, dass kann eine eingehende Nachricht betreffen, die Planung eines Projektes, wie zum Beispiel eine Weiterbildung oder einen angeregten Austausch mit anderen Personen. Vielleicht hat man aber auch einfach nur einen leichten und unbeschwerten Tag.

Person

Zwei Personen, ältere Leute

Zeit

Keine Zeitangabe

Sternzeichen:

Zwilling

Als Tageskarte

Genieße heute die Leichtigkeit des Seins. Ein bisschen Aufregung kann auch positiv sein.

Übung

Was planst du für dich als nächstes? Wie gehst du mit positiver aber auch negativer Aufregung um? Was hältst du vom Tratschen? Kommst du mit Hektik zurecht? Was kann dich aus der Ruhe bringen?

13 Kind – Der Neuanfang

Grundwissen

- Neubeginn
- Kindliche Neugierde
- Naivität
- Entwicklung
- Begeisternd
- Kreativität
- Unbeschwertheit
- Ausbildung

Bildbeschreibung

Wir sehen ein Kind welches glücklich und unbeschwert über eine Blumenwiese geht. Leichtfüßig schreitet sie ihres Weges voran. Die Hauptfarben Blau, Lila, Rosa und weiß geben uns den Hinweis, wie zart, inspiriert, rein und unbefangen wir durchs Leben schreiten.

Symbolisierung

Diese Karte uns den positiven Aspekt eines Neuanfangs. Egal wie alt wir auch sind unterliegen wir einer immer wegen Entwicklung. Voller Begeisterung können wir nun neues angehen unserer Kreativität sind keine Grenzen gesetzt aber Achtung dies kann auch zur Naivität führen.

Person

Kind, Junge, Mädchen, junge Frau

Zeit

Am Anfang, der Beginn

Sternzeichen:

Widder

Als Tageskarte

Heute kannst du mal wieder ganz unbeschwert und optimistisch durchs Leben gehen. Genieße den Tag.

Übung

Wie hast du dich als Kind gefühlt? Bist du ein Optimist? Neigst du manchmal zur Naivität? Wie gehst du mit Neuen um bist du begeisterungsfähig oder eher vorsichtig? Strebst du eine Ausbildung an? Hast du Kontakt zu deinem inneren Kind?

14 Fuchs – Die Achtsamkeit

Grundwissen

- Aufmerksamkeit
- Verstand
- Logik
- Lüge
- Hinterlist
- Neid
- Intelligenz
- Falschheit
- Schlauheit

Bildbeschreibung

Eine Frau sitzt am Wasser an einem Baum gelehnt. Über ihr der Vollmond und ein Raubvogel der durch die Lüfte fliegt. An ihrem Körper gedrückt liegt ein Fuchs der Aufmerksam und Achtsam nach vorne schaut. Die dicken dunklen Wolken wollen uns vor dem Unwetter warnen.

Symbolisierung

Schlau wie der Fuchs wenn er sich lautlos an seine Beute heranschleicht. Diese Karte möchte uns warnen etwas falsches zu tun. Hier sind wir gefragt unsere Intelligenz und unserem Verstand zu folgen. Wir haben es hier mit einer Doppeldeutung zu tun. Auf der einen Seite auf welche Art und Weise wir uns etwas zu Gute kommen lassen können aber auf der Anderen Seite wie uns Jemand übel mitspielen kann, in dem wir seine Beute darstellen.

Person

Unehrlicher Mensch

Sternzeichen:

Jungfrau

Zeit

Falscher Zeitpunkt

Als Tageskarte

Gib heute Acht, etwas läuft falsch.

Übung

Bist du Fuchs oder Gans? Wurde dir schon mal übel mitgespielt, wie hast du dich da gefühlt? Hast du eventuell jemanden angelogen oder wurdest belogen? Siehst du Gefahren auf dich hinzukommen? Stellst du für jemanden anderen eine Gefahr da?

15 Bär – Das Selbstbewusstsein

Grundwissen

- Stärke
- Macht
- Kraft
- Abhängigkeit
- Beschützerinstinkt
- Vertrauen
- Dominanz

Bildbeschreibung

Ein großer, starker und Selbstbewusster Mann steht vor einem großen dunklen Gebäude. Das Verschränken der Arme zeigt uns wie präsent er ist aber auch das er Macht hat. Ein Gedanke könnte es sein, dass er der Türsteher ist.

Symbolisierung

Sie beschreibt unser Selbstbewusstsein unsere innere Stärke und mit welcher Macht wir mit Dingen umgehen. Wir sind für jemanden eine Vertrauensperson und stellen uns schützend vor diese. Hier kann es sich aber auch um eine Abhängigkeit zu einer dominanten Person handeln. Es ist ratsam zu gucken wem oder was man sein Vertrauen schenkt.

Person

Chef, älterer Mann, Amtsperson, Vater, Onkel

Zeit

Längerfristig

Sternzeichen:

Stier

Als Tageskarte

Gebe dich heute stark und mutig, lasse dich nicht von etwas abbringen.

Übung

Wie selbstbewusst bis du? In welchen Situationen fällt es dir schwer deinen „Mann"
zu stehen? Hast du schon einmal Schutz bei jemanden gesucht oder beschützt du
jemanden? Siehst du dich als einen vertrauensvollen Menschen? Trägst du eine
Abhängigkeit in dir? Wie kommst du mit deinem Vorgesetzten zurecht?

16 Sterne – Die Klarsicht

Grundwissen

- Erfolg
- Träume
- Klarheit
- Intuition
- Ideen
- Schöpfer
- Gelassenheit
- Gelingen

Bildbeschreibung

Eine Frau sitzt vor einem Tor auf dem Boden, ihr Blick richtet sich zum Himmel und ihre Hände greifen nach den Sternen. Das blau für die Klarheit des Himmels und das Rot für die Empathie. Das Gefühl welches wir haben, wenn uns etwas klar vor den Augen liegt.

Symbolisierung

Wir brauchen die dunkle Nacht und einen wolkenfreien Himmel um die volle Sternenpracht zu sehen. Hier können wir im Gedanken unseren Ideen weiter geben und unser eigener Schöpfer sein. Sie spricht uns ein gutes Gelingen und den Erfolg zu. Wünsche können nun in Erfüllung gehen.

Person

Keine Personenkarte

Zeit

Nacht, Bald

Sternzeichen:

Fische

Als Tageskarte

Heute kannst du dir die Sterne vom Himmel holen aber pass auf das du nicht den Boden unter dir verlierst.

Übung

Bist du kreativ und schöpferisch veranlagt? Wann hast du dir zuletzt einen Stern vom Himmel geholt? Kannst du Ideen gut umsetzen? Wie wichtig sind für dich Erfolg und Gelingen?

17 Storch – Die Veränderung

Grundwissen

- Neubeginn
- Veränderungen
- Frische
- Mut
- Umzug
- Wohlgefühl
- Wandel

Kartenbeschreibung

Eine Frau lehnt an einer Gartenmauer, fröhlich und im Gedanken schweifend guckt sie vor sich hin. Hinter ihr befindet sich ein Storch der seines Weges geht. Die Farbpracht sagt uns dass alles im Kommen ist.

Symbolisierung

Hier geht es um die Veränderung aus einem Wohlgefühl heraus. Wir schreiten dem Neubeginn voller Frische und mutig entgegen. Diese Karte zwingt uns nicht, sondern wir tun es auch freien Stücken. Mit dieser Karte kann auch ein Umzug ins Haus stehen oder eine Schwangerschaft. Im Wandel der Zeit oder etwas wächst und gedeiht.

Person

Freundin, liebenswerte Frau

Zeit
Im Wandel, bewegte Zeit

Sternzeichen:

Widder

Als Tageskarte

Nur Mut heute wird alles gut.

Übung

Welche Veränderungen stehen momentan bei dir an? Wann hast du dich zuletzt so richtig frisch und wohl gefühlt? Welche Veränderung würdest du dir jetzt für dich wünschen?

18 Hund – Die Freundschaft

Grundwissen

- Freundschaft
- Treue
- Vertrauen
- Hingabe
- Verlass
- Teamarbeit
- Zuverlässigkeit

Kartenbeschreibung

Zwei Frauen stehen Schulter an Schulter in einem Zimmer, der Blick beider nach vorne auf uns gerichtet. Auf der linken Seite rangen rote Rosen was für ihr Gefühl zueinander spricht.

Symbolisierung

Der Hund ist dem Mensch sein bester Freund, so sagt man aber richtig tolle Freundschaften gibt es auch unter Menschen. Wo man für einander da ist, sich in guten aber auch schlechten Zeiten unterstützt. Man kann zusammen lachen und weinen und ist dem anderen jeweils Treu ergeben. Als Freund ist man zuverlässig und schafft als Team tolle Sachen. Hier geht es auch um die Wertschätzung des jeweils anderen. Es ist toll sich auf jemanden verlassen zu können. Zusammen gehen wir durch dick und dünn.

Person

Ein guter Freund, guter Kollege, anhänglicher Partner

Zeit

Längerfristig, dauerhaft

Sternzeichen:

Stier

Als Tageskarte

Heute kannst du dich auf einen Freund verlassen. Schöne Stunden mit einem Freund.

Übung

Hast du einen großen oder kleinen Freundeskreis? Kannst du dich auf jeden von ihnen verlassen? Können sich deine Freunde auf dich verlassen? Bist du zuverlässig? Was hältst du von Treue? Kannst du dich jemanden Hingeben? Bist du ein Teamplayer?

19 Turm – Die Einsamkeit

Grundwissen

- Blockade
- Institution
- Behörde
- Trennung
- Begrenzung
- Einschränkung
- Selbstständig
- Abgeschiedenheit

Kartenbeschreibung

Einsam und verlassen steht sie da, das Bild grau in grau. Hinter ihr ragt ein großer Turm in die Höhe.

Symbolisierung

Kein schönes Gefühl, wenn man alleine da steht, niemanden hat dem man sich anvertrauen kann oder eine Institution einen Probleme bereitet. Ich glaube ein jeder von uns kennt das eine oder andere Gefühl. Das sind die Dinge des Lebens durch die wir auch mal müssen. Nicht alles ist immer rosa-rot im Leben. Schlimm kann es in dem Moment sein in dem man wirklich zum Einsiedler tendiert.

Person

Amtsperson, egoistischer Mann, Autoritätsperson

Zeit
Längerfristig

Sternzeichen:

Steinbock

Als Tageskarte

Heute scheint es kein Vorankommen zu geben

Übung

Wie fühlen sich für dich Blockaden an? Hattest du mal das Gefühl irgendwo ganz alleine durch zu müssen? Bist du ein Einsiedler? Fühlst du dich manchmal abgegrenzt? Gibt es Einschränkungen in deinem Leben?

20 Park – Die Lebensbühne

Grundwissen

- Soziales Umfeld
- Öffentlichkeit
- Gesellschaft
- Lebenskunst
- Lebensfreude
- Begegnungen
- Präsentation
- Kunst

Bildbeschreibung

Eine Plattform, in Mitten ein Mann in Pose gesetzt um ihn herum mehrere Personen. Im Hintergrund ein schöner abendroter Himmel am Meer. Ein Ort an dem man sich wohlfühlen kann.

Symbolisierung

Hier trifft man sich, hier präsentiert man sich. Sehen und gesehen werden. Hier kommt die Lebensfreude zum Vorschein, das Treffen mit Gleichgesinnten. Die Karte verbindet uns auch mit unserer Kreativität und der Lebenskunst. Hier geht es auch um die künstlerische Gestaltung.

Person

Eine Menschengruppe, Gleichgesinnte, viele Personen

Zeit
Andauernd

Sternzeichen:

Löwe

Als Tageskarte

Ein guter Tag um sich in Gesellschaft zu begeben. Widme deinen heutigen Tag der Kunst.

Übung

Kannst du dich präsentieren? Bist du künstlerisch begabt? Bist du glücklich mit deinem sozialen Umfeld? Was gibt dir Lebensfreude? Wie sieht es in deinem sozialen Umfeld aus?

21 Berg – Die Herausforderung

Grundwissen

- Hindernis
- Aufgabe
- Herausforderung
- Widerstand
- Durchhaltevermögen
- Frust
- Geduld
- Ehrgeiz

Bildbeschreibung

Eine Frau steht in Mitten einer Berglandschaft, hinter ihr steht das Ziel welches sie erreichen möchte, dass Schloss. Sie verschränkt die Arme und hat einen starren Blick. Die Farbgebung der Karte ist in Grau – Blau gehalten, für die kühle Distanz.

Symbolisierung

Einen Berg zu erklimmen ist eine Herausforderung und brauch, Ehrgeiz, Geduld und Durchhaltevermögen. Diese Karte beschreibt aber auch die Blockaden in uns und auf welchen Widerstand beziehungsweise Hindernisse wir manchmal im Leben stoßen. Es geht auch darum eigene Grenzen zu überwinden, was manchmal einen langen Atem voraussetzt. Man soll sein Ziel nicht außer Augen lassen.

Person

Widersacher, Feind, dominanter Mann

Zeit

Stillstand

Sternzeichen:

Steinbock

Als Tageskarte

Verliere dein Ziel heute nicht außer Augen. Gebe dich der Herausforderung hin.

Übung

Welcher Herausforderung gibt es für dich gerade zu meistern? Vor welcher Aufgabe versuchst du dich zu drücken? Bist du schon mal einen Berg erklungen und wie war das Gefühl für dich? In welchen Dingen bist du geduldig? Wann ergreift dich der Ehrgeiz?

22 Weg – Die Entscheidung

Grundwissen

* Wendepunkt
* Weg
* Entscheidung
* Wahl
* Bewegung
* Möglichkeiten
* Wagemut

Bildbeschreibung

Eine Frau vor einer Wegkreuzung. Sie steht still, verschränkt die Arme und Blickt zurück. Vor ihr eine Schaukel die vom Wind getragen wird, sowie ein leerer Vogelkäfig. Kleine weiße Partikelchen scheinen ihr den Weg zeigen zu wollen.

Symbolisierung

Wer kennt es nicht am Wendepunkt des Lebens zu stehen. Hier die richtige Entscheidung zu treffen ist nicht immer einfach. Wie sagt man so schön, viele Wege führen nach Rom, nur welcher ist für uns der richtige? Die Entscheidung ob wir den richtigen Weg nehmen kann uns keiner abnehmen. Bei dieser Karte gilt es auch vorausschauend zu handeln.

Person

Eine entscheidungsfreudige Frau

Zeit

Kurzfristig

Sternzeichen:

Wassermann

Als Tageskarte

Heute kannst du neue Wege einschlagen.

Übung

Stehst du zur Zeit am Wendepunkt deines Lebens? Bist du schon mal neue Wege eingeschlagen? Welche neuen Möglichkeiten tun sich dir gerade auf? Neigst du zu Wagemut?

23 Mäuse – Der Kummer

Grundwissen

- Sorgen
- Verlust
- Zweifel
- Unzufriedenheit
- Minderwertigkeit
- Nagen

Bildbeschreibung

Vor uns eine Frau auf den Boden sitzend. Ihre Hände hält sie offen nach oben, sie schaut nach Hilfe bittend in den Himmel. Zwischen ihren Beinen eine Maus die auf Nahrungssuche ist.

Symbolisierung

Etwas scheint an uns zu nagen, wir haben Selbstzweifel oder Zweifel das Richtige zu tun. Diese Karte kann auch bedeuten, dass wir uns minderwertig fühlen und sich dadurch eine Unzufriedenheit in uns breit macht. Sie kann aber auch für einen Verlust stehen. Wir verlieren etwas oder etwas wird uns genommen.

Person

Ein Dieb in weitesten Sinne

Zeit
Vorübergehend

Sternzeichen:

Jungfrau

Als Tageskarte

Heute nagen Sorgen und Selbstzweifel an dir.

Übung

Was nagt zur Zeit an dir? Zweifelst du manchmal an dir selbst? Was hilft dir, wenn du dich Minderwertig fühlst? Wie gehst du mit Sorgen um? Helfen dir Zweifel, die richtige Entscheidung zu treffen? Was nährt dich?

24 Herz – Die Liebe

Grundwissen

- Herzlichkeit
- Verliebtheit
- Gefühle
- Verbindung
- Eintracht
- Glück
- Herzenswärme
- Kreativität

Bildbeschreibung

Mit einem Lächeln ihn ihrem Gesicht und der Glückseligkeit in ihrem Herzen präsentiert sich uns diese Frau. Sie scheint gerade zu tanzen zu wollen vor Glück. Die Augen hat sie geschlossen um sich Gefühle besser verinnerlichen können. Die rosa Blumen im Hintergrund zeigen uns ihre Verliebtheit.

Symbolisierung

Unser höchstes und stärkstes Gut, die Liebe. Egal um was es sich hier handelt werden wir uns voller Elan und Herzenswärme den Dingen nähern. Sie drückt Lebensfreude aus und steht für Zärtlichkeit und Herzenswärme. Bekanntlich sind Glück und Optimismus ansteckend. Hier handelt es sich um Gefühle die ansteckend wirken können, sie lassen uns auf Rosa Wolken schweben.

Person

Herzensfrau oder Herzensmann

Zeit

Kein Zeithinweis

Sternzeichen:

Löwe

Als Tageskarte

Deine Gefühle stehen heute im Vordergrund. Heute kannst du alles durch die rosa-rote Brille betrachten.

Übung

In wen oder was bist du verliebt? Wie kannst du deine Kreativität zum Ausdruck bringen? Wer oder was macht dich glücklich? Wie drückt sich bei dir Verliebtheit aus? Wann hast du zuletzt durch die rosa-rote Brille gesehen?

25 Ring – Die Partnerschaft

Grundwissen

* Verbindung
* Ehe
* Vertrag
* Partnerschaft
* Vereinbarung
* Versprechen
* Wiederholung
* Verein

Bildbeschreibung

Ein junges Pärchen steht im Wald, sie sind sich einander zugewandt. Händchen haltend und strahlend stehen sie da. Die Hauptfarbe ist Rosa, welches uns erkennen lässt wie zart und frisch diese Verbindung noch ist.

Symbolisierung

Hier geht es um eine Partnerschaft oder eine Verbindung. Es kann sich um zwei sich liebende handeln aber auch um einen vertraglichen Abschluss im Geschäftssinne. Die Karte zeigt jegliche Verbindung jeder Art an, dass kann die Ehe sein, Vertragsabschlüsse wie zum Beispiel ein Arbeitsvertrag, ein Mietvertrag oder ein Mitgliedsvertrag im Verein.

Person

Keine Personenkarte

Zeit

Keine Zeitangabe

Sternzeichen:

Waage

Als Tageskarte

Ein guter Tag um sich auf etwas einzulassen aber Prüfen sie ihr Vorhaben vorab noch mal.

Übung

Wann hast du zuletzt einen Vertrag unterschrieben? Welche Ereignisse scheinen sich in deinem Leben immer wieder zu wiederholen? Wen oder was begehrst du? Was möchtest du dir im Leben bewahren? Hältst du deine Versprechen?

26 Buch – Das Geheimnis

Grundwissen

- Studium
- Schweigen
- Konzentration
- Verborgene
- Geheimnis
- Buch mit 7 Siegeln
- Verschlossene

Bildbeschreibung

Hier steht eine Frau in einer großen Halle in ihrem Arm hält sich ein großes schweres geschlossenes Buch. Ihr Gesichtsausdruck ist im Gedanken versunken. Als Hauptfarbe hier Braun und Gold, das Buch in einen dunkelroten Ledereinband. Braun zeigt unsere Erdverbundenheit, das Gold als das Prachtvolle und das Rot als die Dynamik.

Symbolisierung

Wie sagt man so schön, reden ist Silber schweigen ist Gold. Bei dieser Karte geht es um das Geheimnis welches wir nicht preisgeben oder welches uns noch nicht preisgegeben wird. Es kann etwas verschwiegen werden. Es kann aber auch bedeuten, dass wir ein Studium beginnen für das wir viel Konzentration aufbringen müssen.

Person

Keine Personenkarte

Zeit

Ungewiss

Sternzeichen:

Steinbock

Als Tageskarte

Heute liegt etwas im Verborgenen. Ein guter Tag zum konzentrierten Lernen.

Übung

Was verschweigst du? Hast du Geheimnisse? Bist du für andere ein Buch mit 7 Siegeln? Kannst du dich gut konzentrieren?

27 Brief – Die Nachricht

Grundwissen

- Neuigkeiten
- Nachricht
- Brief, Emails, Telefonate, SMS
- Dokumente
- Kontakte
- WhatsApp

Bildbeschreibung

Eine junge Frau steht uns zugewandt auf dem Balkon, in ihrer Hand ein roter Brief, der ihr von einer weißen Taube gebracht wird. Aus dem Briefumschlag schaut eine rote Rose heraus. Der Hintergrund des Bildes ist hier in Grün und Blau gehalten.

Symbolisierung

Es geht hier um eine besondere Nachricht die wir erhalten. In welcher Form die uns übermittelt wird ist in unserem Zeitalter sehr groß gefächert. Sie kann als Brief, Telefonat, Email, SMS oder Whatsapp kommen. Welche Art von Neuigkeiten uns erwarten sehen wir an der links neben liegende Karte.

Person

Keine Personenkarte

Zeit

Kurzfristig

Sternzeichen:

Zwilling

Als Tageskarte

Heute erwartet dich eine besondere Nachricht.

Übung

Wann hast du zuletzt einen handschriftlichen Brief geschrieben oder erhalten? Benutzt du die neuen Medien um dich mit anderen Auszutauschen? Was bedeutet für dich die Übermittlung von Nachrichten?

28 Mann – Maskulin

Grundwissen

- Mann
- Geliebter
- Partner
- Männlichkeit

Bildbeschreibung

Ein Mann im Mittelpunkt des Bildes. Seine starke Männlichkeit setzt er hier in Pose.

Symbolisierung

Er steht für den männlichen Fragenden, Partner oder Ehemann. Manchmal muss aber auch eine Frau ihren „Mann" stehen.

Person

Fragesteller, Mann

Zeit

Keine Zeitangabe

Sternzeichen:

Wassermann

Als Tageskarte

Heute wirst du deinen Mann stehen müssen.

Übung

Was bedeutet für dich Mann sein? Wie siehst du deine männlichen Anteile? Bist du Herr über deiner Selbst? Welche Attribute sollte ein Mann mitbringen?

29 Frau – Feminin

Grundwissen

- Frau
- Geliebte
- Partnerin
- Weiblichkeit

Bildbeschreibung

Eine Frau im Mittelpunkt des Bildes. Sie setzt ihren weiblichen Charme in Pose.

Symbolisierung

Steht für die weiblich Fragende, Partnerin oder Ehefrau. Manchmal muss aber auch ein Mann seine Frau stehen.

Person

Fragestellerin, Frau

Zeit

Keine Zeitangabe

Sternzeichen:

Waage

Als Tageskarte

Heute wirst du deine Frau stehen müssen.

Übung

Wie siehst du deine weiblichen Anteile in dir? Was bedeutet es für dich Frau zu sein?
Welche Attribute sollte eine Frau mitbringen?

30 Lilie – Die Harmonie

Grundwissen

- Harmonie
- Sexualität
- Frieden
- Familie
- Affäre
- Schönheit
- Leidenschaft

Bildbeschreibung

Hier sehen wir einen uns zugewandten Mann in seiner Hand hält er einen kleinen Strauß Lilien. Der Duft der Lilien betört uns. Farblich gesehen haben wir es hier mit der Hoffnung und tiefgründige Lebensfreude zu tun.

Symbolisierung

Die Karte verkündet uns ein angenehmes und harmonisches Leben. Hier geht es aber auch um die Leidenschaft und unsere gelebte Sexualität und um den Frieden in der Familie.

Person

Mann aus dem näheren Umfeld, wohlwollender Mann

Zeit
Keine Zeitangabe

Sternzeichen:

Skorpion

Als Tageskarte
Heute läuft alles gut für dich. Ein harmonischer Tag erwartet dich.

Übung

Wie wichtig ist für dich Harmonie? Ist bei dir Frieden in der Familie? Was bedeutet Schönheit für dich? Kannst du sexuelle Wünsche äußern?

31 Sonne – Die Lebenskraft

Grundwissen

- Erfolg
- Vitalität
- Energie
- Erfolg
- Kraft
- Wachstum
- Glück
- Ja zum Leben

Bildbeschreibung

Schön, Stolz und Anmutig steht sie in einer Waldlichtung uns zugewandt. Hinter ihr die warmen Goldgelben Strahlen der Sonne.

Symbolisierung

Bei dieser Karte sagen wir Ja zum Leben. Die Karte bringt uns die höchste Energie und den Erfolg auf allen Ebenen. Sie spricht für das Glück und die Kraft das Leben zu meistern. Nun kann wachsen was wir gesät haben.

Person

Keine Personenkarte

Zeit

Keine Zeitangabe

Sternzeichen:

Löwe

Als Tageskarte

Heute gehst du mit voller Energie durchs Leben.

Übung

Wann warst du zuletzt der Mittelpunkt deines Lebens? Bist du zufrieden mit dir und deinen Leben? Was fehlt dir oder vermisst du? Bist du ein Selbstbewusster Typ? Kannst du andere mit deiner guten Laune anstecken? Sagst du Ja zum Leben?

32 Mond – Der Rhythmus

Grundwissen

- Gefühle
- Innenleben
- Wünsche
- Psyche
- Seelenleben
- Anerkennung
- Sehnsucht

Bildbeschreibung

Eine Frau in absoluter Ekstase, hinter ihr der Vollmond umgeben von einem wahren Farbspektakel.

Symbolisierung

Diese Karte beschreibt unseren Seelenfrieden, wir sind eins mit uns. Hier gilt es auch sich abgrenzen zu können und auf unsere Wünsche zu hören. Nicht zu allem Ja und Amen zu sagen. Wir müssen uns selbst respektieren können, so wie wir sind. Alles im Leben geht seinen Rhythmus nach, die Tageszeit, Sonnen Auf- und Untergang, Ebbe und Flut, die Jahreszeiten und die Mondzyklen.

Person

Keine Personenkarte

Sternzeichen:

Krebs

Zeit

Keine Zeitangabe

Als Tageskarte

Lass heute mal deine Seele baumeln.

Übung

Kannst du offen über deine Gefühle sprechen oder Wünsche äußern? Von wem oder für was erwartest du Anerkennung? Wonach hast du Sehnsucht? Stehst du stabil im Leben? Hast du einen festen Tagesrhythmus?

33 Schlüssel – Der Erfolg

Grundwissen

- Schlüssel zum Erfolg
- Schließen und Öffnen
- Sicherheit
- Erfolg
- Gelingen
- Problemlösung

Bildbeschreibung

Wir sehen auf der Karte eine junge Frau, ihr Blick fällt auf einen Schlüssel den sie in ihrer Hand hält. Die Nacht ist Sternenklar. Auf der Fensterbank sitzt auf zwei Herzen eine weiße Taube. Vor ihr zu Füßen liegt ein weiterer Schlüssel.

Symbolisierung

Das ist unser Schlüssel zum Erfolg, er zeigt das Gelingen eines Vorhabens. Die Lösung für unser Problem liegt klar vor uns. Nun wissen wir was zu tun ist. Es fällt uns wie Scheuklappen von den Augen.

Person

Keine Personenkarte

Zeit

Kurzfristig

Sternzeichen:

Wassermann

Als Tageskarte

Du hast den Schlüssel in deiner Hand, du musst ihn nur nutzen.

Übung

In welchen Bereich bist du erfolgreich? Welche Türen müssen sich dir noch öffnen? Hast du dir schon mal eine Chance durch die Lappen gehen lassen? Hast du Angst fremdes Terrain zu betreten? Was gibt dir Sicherheit im Leben?

34 Fische – Die Gefühle

Grundwissen

- Reichtum
- Geld
- Besitz
- Sensitivität
- Seele
- Vertrauen
- Gefühle

Bildbeschreibung

Wir sehen eine Frau am Meer stehen, hinter ihr springt ein Delfin durchs Wasser. Die Nacht ist hereingebrochen. Die Hauptfarben hier sind Grün und Blau.

Symbolisierung

Sie ist eine Seelenkarte bei der es um Vertrauen und Gefühle geht. Sie gibt uns Aufschluss über unsere geistig-seelischen Angelegenheiten. In materieller Hinsicht zeigt uns die Karte wie es bei uns mit dem finanziellen steht und wir mit Besitztümern umgehen. Gefühle können getreten werden, sowie man Geld auch zum Fenster raus schleudern kann.

Person

Mann, Geschäftsmann

Zeit

Keine Zeitangabe

Sternzeichen:

Fische

Als Tageskarte

Versuche heute mit dir auf eine Wellenlänge zu kommen. Sei ganz du selbst. Materiell geht es um deine finanziellen Angelegenheiten. Heute ist ein guter Tag um deine Finanzen zu checken.

Übung

Bist du ein Sparfuchs oder gehst du eher locker mit deinem Geld um? Was ist dein größter Besitz, gehst du gut mit ihm um? Hast du Vertrauen ins Leben? Kannst du dich von den Wellen des Lebens treiben lassen oder versuchst du immer gegen an zu schwimmen?

35 Anker – Die Sicherheit

Grundwissen

- Beruf
- Stabilität
- Halt
- Arbeit
- Treue
- Sicherheit

Bildbeschreibung

Hier sehen wir eine Frau die sich freudestrahlend an einem Anker festhält. In Ihrem Arm ein Taucherhelm und hinter ihr ein altes Holzfass. Der Tag geht zu Ende und die Dämmerung bricht ein. Der Mond steht tief am Himmel und leuchtet zu ihr ans Ufer.

Symbolisierung

Die Karte steht für ein großes Sicherheitsbedürfnis welches wir auch über einen guten Job erlangen. Einen festen Arbeitsplatz zu haben gibt uns Stabilität und Halt, so kann uns natürlich auch eine Beziehung dieses geben. Wir können einer Beziehung treu ergeben sein als auch einer Arbeit. Die Karte möchte uns aber auch warnen vor einem zu viel an Arbeit oder in einer Beziehung nicht loslassen können.

Person

Keine Personenkarte

Zeit

Längerfristig

Sternzeichen:

Stier

Als Tageskarte

Ein arbeitsreicher Tag, dass kann den Beruf als auch die Beziehung betreffen.

Übung

Was gibt dir Sicherheit? Kannst du gut loslassen oder hältst du verkrampft an etwas fest? Wie wichtig ist Treue und Loyalität für dich? Bist du zufrieden mit deiner Berufswahl? Was gibt dir den nötigen Halt im Leben?

36 Kreuz – Das Schicksal

Grundwissen

- Schicksal
- Bestimmung
- Prüfung
- Vorbote
- Bürde
- Belastung
- Kreuz tragen

Bildbeschreibung

Wartend auf das was kommt steht eine junge Dame an einem Grab, die Hände hat sie ineinander verschränkt und auf den Kreuze liegend. Im Hintergrund sehen wir Bäume die vom Wind leicht hin und her schwenken. Farblich ist die Karte eher düster gestaltet.

Symbolisierung

Wir haben alle im Leben so unser Kreuz zu tragen. Nichts im Leben passiert so ohne Grund, ist das so? Wir haben nicht immer die Wahl, manche Dinge im Leben passieren einfach ohne das wir uns dagegen wehren können. Aber auch das Schicksal meint es nicht immer schlecht mit uns, auch wenn wir so manche Bürde des Lebens erklimmen müssen. So spricht man zum Beispiel von unsere Begegnung war Schicksalhaft, oder das Schicksal hat uns zusammen geführt. Diese Karte steht aber auch für Prüfungen jeglicher Art in unserem Leben. Viele sehen das Kreuz auch als eine Art Schutzpatron an.

Person

Keine Personenkarte

Zeit

Längerfristig

Sternzeichen:

Schütze

Als Tageskarte

Du kommst um bestimmte Aufgaben heute nicht drumherum. Pack sie an, du wirst sehen es wird sich lohnen.

Übung

Meint es das Schicksal gut mit dir? Folgst du einer Bestimmung? Welches Kreuz trägst du? Welche Bürde scheint für dich unbesiegbar? Was stellt für dich Momentan eine Belastung da?

Personenkarten

Der Reiter:
Sportler, Liebhaber, junger Mann, Freund, Kollege

Das Haus:
Sympathischer älterer Mann

Die Wolken:
Expartner

Die Schlange:
Frau, Mutter, Exfreundin, Kollegin, Geliebte

Die Blumen:
Freundin, Kollegin, liebevolle Frau

Die Sense:
Eine ungestüme Person

Die Rute:
Junger Mann

Die Vögel:
Zwei Personen, ältere Leute

Das Kind:
Kind, Junge, Mädchen, junge Frau

Der Fuchs:
Unehrlicher Mensch, kluge Person

Der Bär:
Chef, älterer Mann, Amtsperson, Vater, Onkel

Der Storch:
Freundin, liebenswerte Frau

Der Hund:
Ein guter Freund oder Kollege, anhänglicher Partner

Der Turm:
Amtsperson, egoistischer Mann, Autoritätsperson

Der Park:
Eine Menschengruppe, Gleichgesinnte, viele Personen

Der Berg:
Widersacher, Feind, dominanter Mann

Der Weg:
Eine entscheidungsfreudige Frau

Die Mäuse:
Ein Dieb im weitesten Sinne

Das Herz:
Herzensfrau oder Herzensmann

Der Mann:
Fragesteller, Mann

Die Frau:
Fragestellerin, Frau

Die Lilie:
Mann aus dem näheren Umfeld, wohlwollender Mann

Die Fische:
Mann, Geschäftsmann

Familienmitglieder

Das Haus:
Familie im Allgemeinem, das Zuhause

Die Schlange:
Die Mutter

Der Bär:
Der Vater

Das Kind:
Das Kind, bei mehreren, das Jüngste

Der Reiter:
Der erwachsene oder mittlere Sohn

Die Blumen:
Tochter, die erwachsene Tochter

Die Vögel:
Großeltern

Zeitkarten

Der Reiter:
In Kürze, auf den Weg, bald, zeitnah, überraschend abrupt

Der Klee:
Kurzfristig, schnell, überraschend

Das Schiff:
Bald

Das Haus:
Lange Sicht, ca. 4 Monate

Der Baum:
Bis zu einem Jahr

Die Wolken:
Vorübergehend

Die Schlange:
Bis 7 Wochen

Der Sarg:
Warten, ewig

Die Blumen:
Kurzfristig, Frühling

Die Sense:
Plötzlich unerwartet, schnell

Die Rute:
Zwei Tage, Wochen, Monate

Das Kind:
Am Anfang, der Beginn

Der Fuchs:
Falscher Zeitpunkt

Der Bär:
Längerfristig

Die Sterne:
Nacht, bald

Der Storch:
Im Wandel, bewegte Zeit

Der Hund:

Längerfristig dauerhaft

Der Park:
Andauernd

Der Berg:
Stillstand

Der Weg:
Kurzfristig

Die Mäuse:
Vorübergehend

Der Brief:
Kurzfristig

Der Schlüssel:
Kurzfristig

Der Anker:
Längerfristig

Das Kreuz:
Längerfristig

Die Richtung der Karten

Die Richtung in der die Karten zueinander liegen geben uns auch einen eindeutigen Hinweis zum Themenverlauf.

Eine tolle Kombination absolut positiv wie sie zueinander stehen oder für einander da sind. Drehen wir die beiden um sieht es schon ganz anders aus.

Was sagt uns diese Kombination?. Sie stehen Rücken an Rücken. Jeder macht sein eigenes Ding oder sie haben sich auseinander gelebt. Auch hier gilt es wieder die umliegenden Karten zu beachten.

Mach dir hierzu einige Notizen und lasse die Bilder auf dich wirken. Du hast alle Zeit der Welt! Seien wir mal ehrlich, was ist der höchste Trieb des Menschen? Genau einen Partner zu finden mit dem wir alt werden können.

Spinnen wir das ganze mal weiter

Diese Kombination verrät und jeweils den jetzigen Moment des anderen. Hier einige Deutungsbeispiele.

Sie sehnt sich nach Harmonie, während er mit dem Gedanken bei seiner Arbeit oder der Sicherheit seiner Familie ist. Anders herum könnte man auch sagen, er steht voll im Beruf, während sie sich vernachlässigt fühlt. Ihr fehlt es an der nötigen Harmonie in der Beziehung. Das könnte auch Auswirkung auf ihre Sexualität haben. Um was es hier genau geht sagen uns wie immer die umliegenden Karten.

Ein weiteres Beispiel

Hier könnte was an unser Selbstbewusstsein nagen. Oder wir haben Kummer mit unseren Chef oder Autoritätsperson. Um was es hier genau geht, sagen uns wieder die umliegenden Karten.

Die Blickrichtung der Karten zeigt uns das Thema an. Die Karten dahinter zeigen uns den Grund dafür. Die Karten davor um was es geht. Die Karte darüber unsere Gedanken und darunter was wir hinter uns gelassen haben.

Hier zu gibt es mal wieder eine kleine Übung. Lasst euch überraschen.

Nun bist du an der Reihe! Stelle dir vor du hättest die Kombination so für dich gelegt. Du als Frau bist der Signifikator (Hauptperson), wenn du ein Mann bist legst du als Signifikator den Mann raus. Fertige dir hierzu einige Notizen an. Was siehst du in den Kombinationen, was fühlst du, wenn du dir diese anschaust und wohin gehen deine Gedanken dabei? Beachte auch die Diagonalen.

Wir können auch weiter gehen. Stell dir vor jemand macht sich Sorgen um dich, weil du anscheinend mit was ganz anderem Beschäftigt bist. Daraufhin legt die Person die Karten mit dir als Signifikator um hinter deine Gedanken zu kommen. Jetzt sollte die Frage kommen, darf ich ohne Wissen die Karten für jemanden legen um eigenen Nutzen draus zu ziehen? Das ist eine moralische und ästhetische Frage. Der Mensch ist von Grund auf neugierig! Wie ist dein Gedanke dazu? Mach dir auch hierzu eigene Notizen. Wo liegen für dich die Grenzen oder wo besiegt die Neugierde?

Bleiben wir mal bei der Art der Legung. Wer von uns kennt es nicht zwischen zwei Stühlen zu stehen? Die obere Legung stellt Frau 1 vor. Die Legung für Frau 2 gibt uns folgendes.

Wie wirkt dieses Blatt, für wen würdest du dich entscheiden? Lasse auch diese Bilder auf dich wirken und mache dir Notizen.

Die Häusertabelle

Reiter Haus 1	Kleeblatt Haus 2	Schiff Haus 3	Haus Haus 4	Baum Haus 5	Wolken Haus 6	Schlange Haus 7	Sarg Haus 8	Blumen Haus 9
Sense Haus 10	Rute Haus 11	Vögel Haus 12	Kind Haus 13	Fuchs Haus 14	Bär Haus 15	Stern Haus 16	Storch Haus 17	Hund Haus 18
Turm Haus 19	Park Haus 20	Berg Haus 21	Wege Haus 22	Mäuse Haus 23	Herz Haus 24	Ring Haus 25	Buch Haus 26	Brief Haus 27
Mann Haus 28	Frau Haus 29	Lilie Haus 30	Sonne Haus 31	Mond Haus 32	Schlüssel Haus 33	Fische Haus 34	Anker Haus 35	Kreuz Haus 36

Die große Tafel

Jeder der Karten ist einem Haus zugeordnet, die Innerhalb der großen Tafel eine Bedeutung hat. Die große Tafel eignet sich für eine Übersicht von größerer Dauer, 3 Monate, 6 Monate oder ein Jahr. Sie zu deuten ist schon ein bisschen Arbeit und kann mit unter sehr aufwendig sein.

Beispiel

Mische deine Karten und lege sie in der Form aus. Sieh dir dein Bild an und lasse es einige Minuten auf dich wirken, vielleicht fällt dir ja auch schon was ins Auge?

Eine besondere Bedeutung haben die Karten in der Mitte und an den Ecken. Welche Karten hast du in der Mitte, um was geht es hier bei der Legung, was ist das Hauptthema?

Siehe dir die Karten an den Ecken an, sie geben uns einen weiteren Aufschluss. Versuche sie miteinander zu kombinieren. Mache dir hierzu auf jeden Fall Notizen. Wo in deinem Blatt liegt die Hauptperson? Für eine weibliche Fragestellerin die Frau und für einen männliche der Mann.

Alles was vor der Person liegt (siehe Blickrichtung) kommt noch auf sie zu, was dahinter liegt ist zwar vergangen spielt aber immer noch eine Rolle im Leben der

Person.

Die Karten in der Mitte sind 13-14-15 und 22-23-24
Die Eckkarten sind 1-9-28-36

Versuche nun die Karten in der Mitte als auch die Eckkarten zu deuten. Hast du es geschafft?

Jetzt guckst du welche Karten über der Person liegen, das sind ihre Gedanken. Die Karten die unter ihr liegen, so sagt man, tritt sie mit Füßen. Du findest es kompliziert? Es geht noch komplizierter, denn die Karten werden nicht nur vertikal, sondern auch diagonal gedeutet.

Nun wollen wir wieder auf die Häuser zurückkommen. Hier zu am besten ein grafisches Beispiel.

Der Berg in Haus 1 Reiter

Der Bär in Haus 9 Blumen

Die Ruten in Haus 14 Fuchs

Das Haus in Haus 13 Kind

Die Frau in Haus 15 Bär

Das Kreuz in Haus 22 Wege

Die Wolken in Haus 24 Herz

Der Mann in Haus 23 Mäuse

Der Storch in Haus 28 Mann

Der Schlüssel in Haus 36 Kreuz

In meinem Beispiel ist die Hauptfigur die Frau. Sie liegt in Haus 15 das Selbstbewusstsein. Das verrät uns das es ihr daran gerade nicht fehlt. Momentan zeigt sie viel Stärke. Jetzt gucken wir im welchen Haus das Selbstbewusstsein liegt, das gibt Aufschluss darüber woher ihr Selbstbewusstsein kommt. In unserem Beispiel liegt das Selbstbewusstsein im Haus der Freude. Es könnte sich zum Beispiel um eine gute Freundin handeln, die ihr Mut macht und sie motiviert aber auch könnte es hier um die eigene innere Motivation gehen, sich selber etwas schönes schaffen zu wollen.

Betrachten wir nun die Nebenstehende Karte der Konflikt im Haus der Achtsamkeit. Hier geht es um einen Streit. Im Haus der Achtsamkeit können wir daraus schließen dass etwas aus den Rudern gelaufen ist. Ebenso ist zu denken dass es hier um Hinterlist geht.

Das Fundament in Haus 13 der Neuanfang. Naheliegend ist, dass sich die Frau wohnlich trennen möchte und noch mal von Neuen anfangen will.

Jetzt deuten wir die Diagonale der Frau. Ja sie hat also einen Beziehungsstreit. Da die beiden noch zugewandt sind ist es noch nicht ganz aus. Die umliegenden Karten aber zeigen das Ende der Beziehung durchaus an und auch, dass sie die Trennung ausspricht, denn der Mann liegt unter ihr. Um den Konflikt im Haus 14 der Achtsamkeit näher zu untersuchen, gucken wir im welchen Haus sich die Achtsamkeit befindet.

Schauen wir nun auf die Unklarheiten im Haus der Liebe. Die Frau hat die Gedanken oder Sorgen um die Beziehung schon hinter sich gelassen, während es dem Mann noch ganz schön zu schaffen macht. Für ihn ist das Aus noch gar nicht so ganz klar und er leidet darunter. Für ihn war die Beziehung ein wink vom Schicksal eine Art der Bestimmung. Also das Hauptthema um das es geht liegt uns nun klar zu Füßen, nun schauen wir uns mal die Eckkarten an um zu sehen wohin sie uns führen. Diese Karten sagen uns, das auch ihr die Trennung nicht leicht gefallen ist aber durch ihre Motivation auf die Veränderung hin fällt es ihr nicht allzu schwer das durchzusetzen.

Um das ganze mal auf einen Punkt zu bringen. Sie wird sich von ihrem Partner trennen, sich eine neue Wohnung nehmen und förmlich aufblühen. Er dahin wird noch einige Zeit unter dieser Trennung leiden.

Mit Hilfe der großen Tafel kannst du das ganze hier und jetzt beleuchten. Hier hast du auch die Möglichkeit eine der Zusatzkarten für jeden der beiden zu ziehen um zu analysieren, wie geht eigentlich jeder von ihnen mit dem Thema um. Für die Frau habe ich die Luft gezogen und für den Mann die Erde.

Das Rösseln

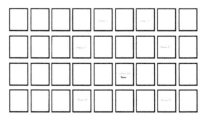

Das Rösseln lässt sich gut mit der Schachfigur, dem Springer erklären. Der Springer darf im Schach folgende Züge vornehmen:
Zwei Felder vor und ein zur Seite oder ein Feld vor und zwei zur Seite
Zwei zur Seite und einen nach unter oder zwei nach unten und einen zur Seite
Als Beispiel hätten wir gerne zum Thema im Haus 24 mehr Information, dann sieht die Rösselung so aus:

Wir haben in unserer Legung nun folgende Karten auf den Plätzen liegen und möchten nun gerne mehr zu den Unklarheiten wissen. Die liegt im Haus 24

Die Wolken im Haus der Herz wird kombiniert mit den Karten vom Rösseln:
Auf Platz 5 liegend das Kind im Haus, das Haus

Auf Platz 13 liegend das Haus im Haus des Kind

Auf Platz 17 liegend das Schiff im Haus der Storch
Auf Platz 31 liegend der Park im Haus der Sonne

Auf Platz 35 liegend die Mäuse im Haus der Anker
Versuche nun die Kombinationen zu deuten. Hast du es geschafft? Wir bleiben nun
bei unseren Thema Die Mäuse im Haus das Herz.

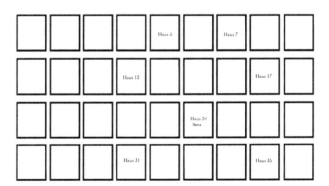

Die umliegenden Karten

Siehe dir nun die umliegenden Karte an. Daraus ergibt sich für die weitere Deutung eine 2er bis 3er Kombination. Probier es einfach mal aus.

Reiter Haus 1	Kleeblatt Haus 2	Schiff Haus 3	Haus Haus 4	Baum Haus 5	Wolken Haus 6	Schlange Haus 7	Sarg Haus 8	Blumen Haus 9
Sense Haus 10	Rute Haus 11	Vögel Haus 12	Kind Haus 13	Buch	Rute	Frau	Storch Haus 17	Hund Haus 18
Turm Haus 19	Park Haus 20	Berg Haus 21	Wege Haus 22	Mann	Thema Wolken	Sarg	Buch Haus 26	Brief Haus 27
Mann Haus 28	Frau Haus 29	Lilie Haus 30	Sonne Haus 31	Sonne	Blumen	Sterne	Anker Haus 35	Kreuz Haus 36

Die Diagonalen

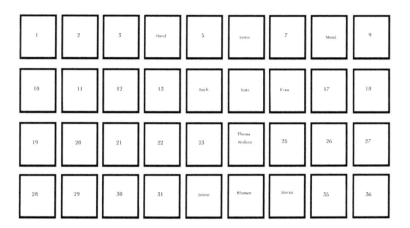

1	2	3	Hund	5	Sense	7	Mond	9
10	11	12	13	Buch	Rute	Frau	17	18
19	20	21	22	23	Thema Wolken	25	26	27
28	29	30	31	Sonne	Blumen	Sterne	35	36

Versuche nun die Diagonalen zu deuten. Ich weiß, dass ist für den Anfang alles ganz schön viel.

Die Hauptpersonkarten

Kommen wir nun noch mal zu den Hauptpersonenkarten, dem Mann und die Frau. Man sagt, alles was im Rücken der Hauptpersonenkarte liegt ist Vergangen spielt aber auch noch jetzt eine Rolle. Alle was vor Ihm oder Ihr liegt kommt erst noch. In seltenen Fällen hat man es schon mal, dass der Mann im Haus 36 liegt oder die Frau in Haus 1. Das sagt aus, dass die Person noch zu verhaftet mit der Vergangenheit ist und nicht loslassen kann. Aus dem Bild können wir dann ersehen, was bei der Person los war und was noch so sehr an ihr nagt.

Jetzt bist du dran

Mische deine Karten so lange bis es sich für dich gut oder richtig anfühlt. Bestimme während dessen den Zeitraum und lege die große Tafel für dich aus. Am besten übst du am Anfang mit einer Legung für 3 Monate, so kommst du auch bei der Überprüfung schneller zu Ergebnissen.

Versuche nun anhand den obigen Beispielen deine Tafel für dich zu deuten. Am besten machst du dir ein Foto von deiner Legung um diese auch später noch besser nachvollziehen zu können. Du musst die Deutung auch nicht an einem Tag machen. Lasse dir Zeit und mache dir Stichpunkte.

Suche dir immer ein Thema nach dem anderen heraus, damit nicht allzu viel Wirrwarr entsteht. Auf dieser Art lässt es sich auch gut mit Freunden oder Familie üben.

Die beliebtesten Themen sind:
Liebe oder Beziehung
Arbeit oder Arbeitssuche
Finanzen
Wohnungswechsel beziehungsweise Suche

Legesysteme

Nun kommen wir zum eigentlichen Teil des Buches die Legesysteme. Hier gibt es viele verschiedene Varianten und Möglichkeiten, je nach Fragestellung. Mit der Zeit, wirst auch du für dich dein Lieblingssystem finden. Genauso wird es wahrscheinlich auch Systeme geben, mit denen du dich gar nicht anfreunden kannst. Natürlich hast du auch die Möglichkeit ein wenig zu experimentieren. Wer weiß, vielleicht entwickelst du irgendwann dein ganz eigenes System. Auch die Möglichkeit verschiedene Decks miteinander zu kombinieren steht dir offen, wie zum Beispiel Lenormand mit Engelskarten oder dem Tarot. Mach dir kein Stress alles sofort können zu wollen, Rom wurde auch nicht an einem Tag erbaut.

Die Tageskarten

Bei den Tageskarten möchte ich dir drei mögliche Varianten vorstellen. Das ziehen von eins, zwei oder drei Karten. Die Variante mit nur einer Karte ist dir in dem Buch bei der einzelnen Kartenbeschreibung schon begegnet. Ziehst du zwei oder auch drei Karten werden diese miteinander kombiniert.

Beispiel:

Heute stehst du vor einigen Hürden, du fühlst dich mit ihnen allein gelassen. Hier wird kein Vorankommen erzielt. Zu überlegen ist, ob man sich hier nicht auch selbst im Wege steht und Wege oder Möglichkeiten blockiert.

Versuche mal die beiden Karten zu kombinieren und deine eigenen Worte zu finden. Was siehst du, was fühlst du beim Anblick der Bilder und welche Stimmung kommt da in dir auf? Mache dir hierzu am besten Stichpunkte.

In deiner Beziehung gabt es einigen Kummer, nutze den Tag um noch vorhandene Unklarheiten zu beseitigen.

Auch hier gilt es wie oben, versuche die Karten selbst zu kombinieren und deine eigenen Worte zu finden. Mache dir auch hierzu wieder Stichpunkte. Als Anfänger gebe ich dir den Rat erst mit den Tageskarten langsam das kombinieren zu üben. Du wirst sehen, Übung macht den Meister. Hast du erst mal genug Übung kannst du zu der Wochendeutung beziehungsweise Monatsdeutung gehen.

Die Wochendeutung

Bei der Deutung der Woche arbeiten wir mit 9 Karte. Wir legen diese folgendermaßen aus:

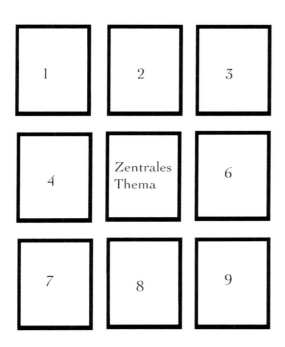

Unser erstes Augenmerk gehört dem zentralen Thema. Dieses steht für die Woche im Mittelpunkt. Als nächstes schauen wir uns die Eckkarten an und kombinieren sie miteinander. Schau dir nun die Karte Nr. 2 an, das hast du im Kopf im Bezug auf das zentrale Thema, Karte Nr. 9 trittst du sozusagen mit den Füßen. Das ist etwas mit dem du dich nicht umgeben möchtest, auch wieder im Bezug zu dem zentralen Thema.

Jetzt stehen folgende Kombinationen an:
Karte 1 – zentrales Thema – Karte 9
Karte 2 – zentrales Thema – Karte 8
Karte 3 – zentrales Thema – Karte 7

Karte 1 und Karte 3
Karte 4 und Karte 6
Karte 7 und Karte 9

Als letzte Deutung die Karten der Rheinfolge nach, also Karte 1 mit Karte 2 Karte 3 Karte 4 und so weiter.

Die Monatsdeutung

Hier hast du dann jeweils eine Kombination aus fünfzehn Karten.

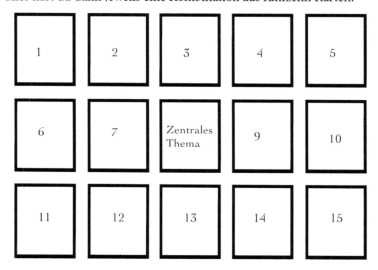

Dazu legst du jeweils drei Reihen zu fünf Karten.

Jetzt gehst du folgendermaßen vor:

Konzentriere dich auf das „Zentrale Thema", darum geht es! Siehe dir jetzt die Eckkarten an und kombiniere diese miteinander. Nun siehst du dir die 3. Karte an, das hast du im Kopf im Bezug auf dein zentrales Thema und die Karte 13 trittst du mit Füßen.

Als nächstes kombinierst du dein zentrales Thema mit den Karten 2–4-12-14.

Zuletzt gibt es folgende Kombination
Karte 1 und Karte 15
Karte 2 und Karte 14
Karte 3 und Karte 13
Karte 4 und Karte 12
Karte 5 und Karte 11
Karte 6 und Karte 10
Karte 7 und Karte 9

Um noch mehr Informationen zu erlangen kannst du nun noch folgende Kombinationen betrachten.

Karte 1 mit Karte 7 mit Karte 13
Karte 2 mit Karte 8 mit Karte 14
Karte 3 mit Karte 9 mit Karte 15
Karte 4 mit Karte 10

sowie

Karte 2 mit Karte 6
Karte 3 mit Karte 7 mit Karte 11
Karte 4 mit Karte 8 mit Karte 12
Karte 5 mit Karte 9 mit Karte 13

und

Karte 1 mit Karte 5
Karte 2 mit Karte 4
Karte 6 mit Karte 10
Karte 7 mit Karte 9
Karte 11 mit Karte 15
Karte 12 mit Karte 14

Auch das war noch nicht alles, es geht noch mehr. Zu guter letzt kombinierst du die Karten der Reihe nach, also 1 mit 2, 2 mit 3, 3 mit 4 usw. Das ist sehr viel Input was erst mal geübt werden mag. Mache dir keinen Stress, alles ganz in Ruhe.

Ein Tipp von mir, lege die Karten an einem Ort wo sie nicht stören und du sie liegen lassen kannst. So kannst du beim Üben immer mal wieder eine Verschnaufpause machen oder deine Gedanken sortieren. Mache dir auch hier wieder Notizen. Falls du die Karten aus welchen Grund auch immer nicht liegen lassen kannst, mach mit deinem Handy ein Foto davon, denn Bilder sagen mehr als Worte.

Die große Tafel

Erklärung zu dieser findest du in einem eigenen Kapitel unter der Häusertabelle.

Die große Tafel als Zigeunerlegung

Diese Legung ist für Anfänger gut geeignet. Hier arbeiten wir mit 21 Karten, wo jede Karte einer festen Bedeutung zugesprochen wird. Das macht das Ganze etwas leichter bei der Deutung.

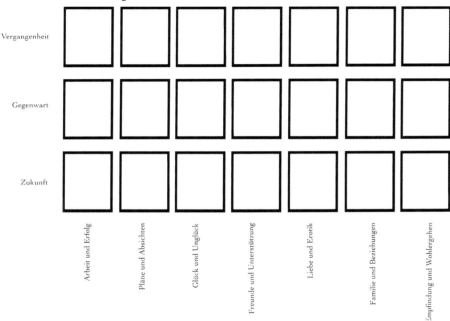

Als erstes gucken wir uns sie Spalte von Empfindung und Wohlergehen an, haben wir hier auf den Plätzen der Gegenwart oder Zukunft negativ Karten liegen, schauen wir in den anderen Bereichen woran es hängt. Meist äußern sich Probleme in Liebe, Beruf oder Beziehung in unserem Wohlergehen.
Arbeit und Erfolg sowie Pläne und Absichten bedingen sich meist. Genauso wie die Spalten von Liebe und Beziehungen. Diese Kombis deuten wir nicht nur in der Senkrechte sondern auch in der Waagerechte.

Die Aspektlegung

Du hast ein Thema was dir Kopfzerbrechen bereitet? Such dir aus den Karten den Signifikator raus. Das ist die Karte die das Hauptthema beschreibt. Nun mischt du deine Karten gut und legst vier weitere Karten unter einander aus.

Als Thema nehmen wir jetzt unsere berufliche Situation. Damit ist die Karte Sicherheit unser Signifikator in der Legung. Hintergrund ist, das wir derweil einen Job haben der uns zur Zeit nicht gerade glücklich macht.

 Konjunktion

 Trigon

 Quadrat

 Opposition

Für diesen Job spricht das er uns sicher ist und wir eine gute Beziehung zu unseren Kollegen haben.

Dagegen spricht, dass es immer wieder zu Missverständnissen kommt, in dem zum Beispiel neue Anordnungen nicht weiter gegeben werden. Die Karte auf der Opposition verrät uns das wir den Spaß und die Freude an unserer Arbeit verloren haben.

Fazit: wir haben einen sicheren Arbeitsplatz, der uns keine Freude mehr bereitet.

Der astrologische Kreis

Hier möchte ich euch 2 verschiedene Varianten vorstellen. Sie gelten immer für ein Jahr und ich persönlich lege sie immer zu Ende des Jahres für das kommende Jahr.

Die Häuserlegung

Du ziehst jeweils die Karten so, dass du sie in einer 3er Reihe auslegst, das entspricht dann 12 Reihen zu je 12 Häusern.

1 - 2 - 3	Erstes Haus
4 - 5 - 6	Zweites Haus
7 - 8 - 9	Drittes Haus
10 - 11 - 12	Viertes Haus
13 - 14 - 15	Fünftes Haus
16 - 17 - 18	Sechstes Haus
19 - 20 - 21	Siebtes Haus
22 - 23 - 24	Achtes Haus
25 - 26 - 27	Neuntes Haus
28 - 29 - 30	Zehntes Haus
31 - 32 - 33	Elftes Haus
34 - 35 - 36	Zwölftes Haus

1. Haus: Das Ich in seiner Gestalt, so wirke ich auf andere, das gebe ich zum Ausdruck.

2. Haus: Selbsterhaltung, Absicherung, Besitz, Wertgegenstände, Finanzen

3. Haus: Umweltkontakte, Kommunikationsmöglichkeiten, Geschwister, Ausbildung

4. Haus: Unser Innenleben, Familie, Heim, Vergangenheit, Elternhaus, Vater

5. Haus: Kreativer Selbstausdruck, Lust, Liebe, Abenteuer, Kinder

6. Haus: Arbeit, Prüfungen, Gesundheit, Bedürfnisse, Angestellte

7. Haus: Mein Gegenüber, Begegnungen, Partnerschaft, Ehe, Verträge

8. Haus: Verbindlichkeiten, Prinzipien, Bindungen, Transformationsprozesse

9. Haus: Bildung, Gedankenaustausch, Einsicht und Erkenntnis

10. Haus: Beruf und Berufung, soziale Stellung, Ruhm und Ehre, Mutter

11. Haus: Hoffnungen, Freunde, Gruppen, Gesellschaft

12. Haus: Rückzug, das Verborgene, Institutionen, Übergang, Auflösung

Die Karten werden dann jeweils als 3er Kombination gedeutet.

Die astrologische Monatslegung

Die Lege weise ist die Gleiche wie beim astrologischen Kreis der Häuserlegung. Unterschied ist, die Häuser stellen die Monate eines Jahre da.

1 - 2 - 3	Januar
4 - 5 - 6	Februar
7 - 8 - 9	März
10 - 11 - 12	April
13 - 14 - 15	Mai
16 - 17 - 18	Juni
19 - 20 - 21	Juli
22 - 23 - 24	August
25 - 26 - 27	September
28 - 29 - 30	Oktober
31 - 32 - 33	November
34 - 35 - 36	Dezember

Diese Legung eignet sich besonders für einen guten Überblick zu den Themen: neue berufliche Chance, neue Partnerschaft, Umzug und bietet natürlich eine kurze Übersicht über die kommenden Monate.

Ich hoffe euch hat mein Buch gefallen, über ein Feedback von euch würde ich mich sehr freuen.

Printed in Great Britain
by Amazon